EVIA EDICIONES
ES PROPIEDAD DE EDICIONES VISUALES ALBERDI S.A.
BUENOS AIRES - ARGENTINA
www.eviatienda.com

EVIA EDICIONES
ES PROPIEDAD DE EDICIONES VISUALES ALBERDI S.A
BUENOS AIRES - ARGENTINA
www.eviatienda.com

Sumario

- Tarta de brócoli, pág. 4
- Tarteletas de choclo, pág. 6
- Tarta chop suey, pág. 8
- Tarta de berenjenas, pág. 10
- Tartines de hongos, pág. 12
- Tartines de vegetales y arroz, pág. 14
- Tarta de zuchini, pág. 16
- Mini pasteles crujientes de pollo, pág. 18
- Tarta de papa, chorizo colorado, pág. 20
- Tarta de atún, pág. 22
- Quiche de panceta, tomate y queso, pág. 24
- Tarta de calabaza, pág. 26
- Tartines de espárragos, pág. 28
- Tarta de jamón, queso y cebollas, pág. 30

Editorial

¡Hola Amigos!

Una vez más me reencuentro con ustedes, y en esta ocasión, con dos especiales dedicados a Tartas Saladas. ¡Ideas súper apetitosas que deleitarán a clientes, amigos y familiares!

Gran combinación de sabores y texturas, diferentes tipos de masas y presentaciones, harán que sus ventas se incrementen y reciban más de un comentario satisfactorio.

Encontrarán tarta de vegetales y arroz, alcauciles y espárragos, calabaza, pollo, chop suey... algunas de ellas preparada en moldes de aluminio descartables para que la venta y traslado les resulte mucho más práctico.

Como siempre, todas las recetas fueron probadas y están explicadas con sus respectivos paso a paso para que no se les dificulte la tarea.

¡Espero que las disfruten!

Marcelo Vallejo

Como siempre, pueden consultarme o indicarme sugerencias por medio de mi correo electrónico: marcelovallejo@uolsinectis.com.ar

Tarta de brócoli, repollitos y lomito ahumado

Cantidad de porciones: 10
Tiempo de cocción: 40 minutos

ingredientes

masa comprada	**1 paquete**
manteca blanda	**50 g**
almidón de maíz	**2 cucharadas**
queso sardo rallado	**2 cucharadas**

Relleno

lomito ahumado	**200 g**
aceite de girasol	**50 cc**
cebollas moradas	**2**
brócoli congelado	**200 g**
repollitos de Bruselas	**200 g**
sal y pimienta	**a gusto**
huevos	**3**
queso crema	**300 g**
leche	**100 cc**
almidón de maíz	**2 cucharadas**
ají rojo	**1/2**
ají amarillo	**1/2**

4 Tartas

preparación

1. Masa. Disponer un disco de masa sobre la mesa apenas enharinada, untar la superficie con la manteca blanda, espolvorear con el almidón y el queso rallado. Superponer el otro disco y estirar apenas con un palote. Forrar un molde desmontable de 24 cm de diámetro.
2. Pinchar la superficie y hornear a 180° C durante 10 minutos, aproximadamente.
3. Relleno. Cortar el lomito en pequeños cubos y saltearlos en una sartén con el aceite. Incorporar las cebollas picadas y cocinar por unos minutos.
4. Agregar el brócoli y los repollitos hervidos. Condimentar con sal y pimienta y retirar del fuego.
5. Unir los huevos con el queso crema, la leche y el almidón. Agregar a la preparación anterior.
6. Volcar sobre la masa precocida y hornear a 180° C durante 40 minutos. Presentar con los ajíes picados y rehogados en 50 g de manteca.

Tip

En lugar de repollitos, puede emplearse coliflor cocida. La masa se precocina para que resulte bien crocante y no húmeda por los vegetales.

Tarteletas de choclo y ajíes

Cantidad de porciones: 6
Tiempo de cocción: 25 minutos

ingredientes

Masa aromática
- harina 0000 — 500 g
- sal — 10 g
- manteca — 200 g
- agua fría — 200 cc
- hierbas frescas picadas — 3 cucharadas

Relleno
- manteca — 70 g
- cebolla criolla — 1
- cebolla de verdeo — 2
- ají verde — 1/2
- ají amarillo — 1/2
- harina — 4 cucharadas
- leche — 250 cc
- choclo en grano — 2 latas
- sal, pimienta — a gusto
- nuez moscada — a gusto
- queso fontina — 300 g
- huevo batido — 1
- semillas de sésamo — 5 cucharadas

preparación

1: Masa. Colocar en la procesadora la harina con la sal y la manteca fría cortada en pequeños cubos. Procesar hasta lograr un arenado, adicionar el agua y, por último, las hierbas.

2: Continuar procesando hasta obtener una masa tierna que se separe de las paredes internas del vaso de la máquina. Retirar, envolver en film y dejar enfriar en la heladera mientras se prepara el relleno.

3: Relleno. Derretir la manteca en una cacerola sobre fuego suave, agregar las cebollas y los ajíes cortados en pequeños cuadrados; rehogar hasta que estén tiernos. Incorporar la harina y luego la leche. Cocinar unos minutos y adicionar el choclo escurrido.

4. Retirar del fuego y condimentar con sal, pimienta y nuez moscada. Dejar enfriar y luego agregar el queso fontina rallado grueso.

5. Armado. Estirar la masa sobre la mesa apenas enharinada, cortar discos con cortante N° 16 y forrar moldes para tarteletas de 13 cm de diámetro y 3 cm alto apenas enmantecados. Distribuir el relleno. Estirar los recortes de masa, cortar 36 tiras de 1,5 cm de ancho y cruzarlas sobre el relleno.

6. Pintar con huevo batido y espolvorear con las semillas de sésamo. Hornear a 180° C durante 25 minutos.

Tartas 7

Tarta chop suey con pollo y cerdo

Cantidad de porciones: 8
Tiempo de cocción: 40 minutos

ingredientes

Masa aromática
harina 0000	500 g
sal	10 g
manteca	100 g
agua fría	200 cc
hierbas frescas picadas	3 cucharadas

Relleno
aceite de maíz	75 cc
cebolla	1
puerros	3
ají verde	1/2
ají rojo	1/2
zanahoria	1
zuchini	1
supremas de pollo	250 g
carne de cerdo	200 g
sal y pimienta	a gusto
salsa de soja	4 cucharadas
brotes de soja	100 g
semillas de sésamo tostadas	3 cucharadas

Ligue
huevos	3
crema de leche	200 cc
queso crema	200 g

preparación

1. Masa. Colocar en la procesadora la harina con la sal y la manteca fría cortada en pequeños cubos. Procesar hasta lograr un arenado, adicionar el agua y, por último, las hierbas.
2. Continuar procesando hasta lograr una masa tierna que se separe de las paredes internas del vaso de la máquina. Retirar, envolver en film y dejar enfriar en la heladera mientras se prepara el relleno.
3. Relleno. Calentar en una sartén algo profunda, el aceite, incorporar las cebollas cortadas en juliana fina, los puerros en aros finos y los ajíes, la zanahoria y el zuchini en tiras.
4. Cocinar hasta que las verduras comiencen a estar tiernas. Entonces agregar la carne de pollo y de cerdo cortada en tiras o pequeños cubos, los brotes de soja y completar la cocción. Condimentar con sal y pimienta a gusto y la salsa de soja. Retirar del fuego y dejar entibiar.
5. Ligue. Unir los huevos con la crema de leche y el queso crema. Reservar.
6. Armado. Estirar la masa sobre la mesa apenas enharinada y forrar un molde de 24 cm de diámetro apenas aceitado. Distribuir el relleno y luego volcar por encima el ligue. Espolvorear con las semillas de sésamo y hornear a 180° C durante 40 minutos.

Tip

Puede realizarse hasta dos días antes de consumir y conservarla adecuadamente en heladera. No cocinar demasiado los vegetales.

Tartas 9

Tarta de berenjenas y cebollines

Cantidad de porciones: 8
Tiempo de cocción: 40 minutos

ingredientes

Masa con levadura
levadura fresca	25 g
harina 0000	500 g
sal	10 g
huevos	2
aceite de oliva	50 cc

Relleno
cebollines	12
aceite de girasol	50 cc
berenjenas baby	350 g
caldo de verduras	150 cc
tomates cherry	15
hierbas frescas	4 cucharadas
sal y pimienta	a gusto
queso cremoso	300 g

Ligue
huevos	3
queso crema	300 g
almidón de maíz	3 cucharadas
queso rallado	3 cucharadas

preparación

1: Masa: Disolver la levadura en la leche a temperatura ambiente. Mezclar la harina con la sal, hacer un hueco y disponer allí los huevos y la leche con la levadura; unir los ingredientes y adicionar el aceite.

2: Formar una masa blanda, amasar unos minutos, formar un bollo y envolver con film espolvoreado con harina. Llevar a la heladera mientras se realiza el relleno.

3: Relleno: Colocar el aceite en una sartén y rehogar allí los cebollines y las berenjenas. Añadir el vino y el caldo y proseguir la cocción hasta que las berenjenas comiencen a estar tiernas. Agregar los tomates cherry y las hierbas; cocinar unos minutos y luego condimentar a gusto. Retirar del fuego y dejar enfriar.

4. Añadir el queso cortado en pequeños trozos.

5. Ligue. Batir apenas los huevos y adicionar el queso crema, el almidón y el queso rallado. Unir hasta homogeneizar.

6. Armado. Estirar la masa sobre la mesa apenas enharinada y forrar un molde de tarta de 20 cm de diámetro enmantecado. Dejar sobresalir los bordes superiores de la masa. Volcar el relleno y luego el ligue. Con los bordes de la masa efectuar unos pequeños pliegues, acomodándolos sobre los costados del relleno. Hornear a 170° C durante 40 minutos.

Tip

- La masa cruda puede freezarse hasta un mes.
- Las berenjenas baby pueden reemplazarse por berenjenas comunes cortadas en cubos grandes.

Tartines de hongos

Cantidad de unidades: 15
Tiempo de cocción: 20 minutos

ingredientes

Masa aromática
harina 0000	**500 g**
sal	**10 g**
manteca	**100 g**
agua fría	**200 cc**
hierbas frescas picadas	**3 cucharadas**

Relleno
cebollas criollas	**2**
cebolla morada	**1**
manteca	**100 g**
aceite	**50 cc**
harina	**2 cucharadas**
portobellos	**150 g**
gírgolas	**150 g**
champiñones	**150 g**
vino blanco	**50 cc**
crema de leche	**100 cc**
sal y pimienta	**a gusto**
ciboulette	**3 cucharadas**

Ligue
huevos	**3**
leche	**150 cc**
tomillo fresco	**1 cucharadita**

Varios
semillas de amapola	**3 cucharadas**
perejil crespo	**1 paquete**

Pueden realizarse con dos días de anticipación, sin decorar, y mantener en heladera hasta el momento de consumir; las gírgolas y portobellos pueden reemplazarse por champiñones.

preparación

1. Masa. Colocar en la procesadora la harina con la sal y la manteca fría cortada en pequeños cubos. Procesar hasta lograr un arenado, adicionar el agua y, por último, las hierbas.

2. Continuar procesando hasta lograr una masa tierna que se separe de las paredes internas del vaso de la máquina. Retirar, envolver con film y dejar enfriar en la heladera mientras se prepara el relleno.

3. Relleno. Rehogar las cebollas cortadas en láminas finas en la mitad de la manteca y un poco de aceite. Incorporar el resto de la manteca y la harina. Remover bien e incorporar luego los portobellos ciselados y las gírgolas cortadas en bastones. Cocinar unos minutos e incorporar los champiñones fileteados y el vino blanco. Cocinar por 1 minuto más.

4. Agregar la crema de leche y condimentar con sal, pimienta y ciboulette. Retirar.

5. Realizar el ligue mezclando los huevos con la leche y condimentar con tomillo fresco. Estirar la mitad de la masa a 3 o 4 mm, forrar moldes para muffins dejando un pequeño reborde, distribuir por encima el relleno de hongos y cubrir con el ligue.

6. Estirar la otra parte de masa y cortar discos de 6 cm de diámetro. Practicarles un corte central en forma de cruz sin llegar a los extremos, pegar el disco con huevo batido en forma de tapa sobre el reborde de masa ya colocado en el molde. Abrir desde el centro los cortes realizados llevando las puntas hacia el borde del molde. Pintar con huevo la superficie, espolvorear con semillas de amapola; llevar al horno a 180° C por 20 minutos o hasta dorar la masa. Servir con un salteado de champiñones, gírgolas y portobellos. Decorar con hojas de perejil crespo.

Tartines de vegetales y arroz

Cantidad de porciones: 10
Tiempo de cocción: 35 minutos

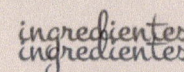

ingredientes

Masa brisée
- harina 0000 — 500 g
- manteca — 250 g
- sal — 1 cucharadita
- agua fría — 100 cc

Relleno
- zanahorias — 2
- brósoli — 175 g
- choclo en grano — 1 lata
- choclo en granos — 1 lata
- tomates perita — 3
- arroz cocido — 200 g
- sal y pimienta — a gusto
- crema de leche — 300 cc
- huevos — 3
- queso parmesano — 70 g

preparación

1. Masa: Colocar la harina en un bol y agregar la manteca cortada en cubos pequeños y la sal. Trabajar con desmigador hasta lograr un arenado.
2. Adicionar el agua y formar una masa blanda. Envolver en film y llevar a la heladera mientras se prepara el relleno.
3. Relleno: Cortar las zanahorias en pequeños cubos y hervir junto con el brócoli hasta que estén tiernas. Retirar del agua hirviendo y pasar a un baño de María inverso para cortar la cocción. Agregar el choclo, las arvejas y los tomates cortados en concassé.
4. Finalmente, adicionar el arroz y condimentar con sal y pimienta.
5. Mezclar la crema con los huevos y el queso. Agregar a la preparación anterior y reservar.
6. Armado. Estirar la masa sobre una mesa apenas enharinada y cortar círculos con un cortante N° 14. Forrar moldes de 12 cm de diámetro apenas aceitados. Distribuir el relleno y hornear a 180° C durante 35 minutos.

Tip

- Puede emplearse arroz integral.

- Las arvejas pueden reemplazarse por chauchas cocidas.

- La masa cruda se conserva perfectamente en el freezer durante un mes.

Tarta de zuchini y zanahorias

Cantidad de porciones: 12
Tiempo de cocción: 40 minutos

ingredientes

Masa integral
harina 0000 **300 g**
harina integral **100 g**
salvado de trigo **2 cucharadas**
manteca **130 g**
huevo **1**
agua fría **100 cc**
sal **10 g**

Relleno
zuchini **6**
cebolla **2**
ají morrón **1**
apio **1**
cebolla de verdeo **2**
queso rallado **3 cucharadas**
huevos **5**
zanahorias baby **1 lata**
sal y pimienta **a gusto**

preparación

1. Masa. Mezclar las harinas con la sal y disponer en un bol. Incorporar el salvado y la manteca fría cortada en cubos. Trabajar con desmigador o cornet hasta lograr un arenado grueso.

2. Añadir el huevo y el agua fría en cantidad suficiente para lograr una masa tierna. Unir apenas con las manos, envolver con film adherente y llevar a la heladera por lo menos 30 minutos antes de emplear.

3. Relleno. Retirar los extremos de 4 zuchini y cortarlos en cubos no muy pequeños. Rehogar las cebollas cortadas en brunoise con el morrón, apio y cebolla de verdeo. Incorporar los zuchini y cocinar hasta que pierdan parte de su resistencia. Retirar del calor y dejar entibiar. Agregar el queso rallado y los huevos. Condimentar con sal y pimienta. Cortar el zuchini restante en láminas entrefinas y reservar.

4. Estirar 3/4 partes de la masa sobre la mesa apenas enharinada y forrar un molde de 22 cm de diámetro, dejando un pequeño reborde de masa. En la base, colocar zanahorias baby, cubrirlas con el relleno de cebollas y zuchini sin llegar al borde del molde.

5. Cubrir la superficie del relleno con las láminas de zuchini colocándolas horizontalmente a modo de pétalos desde los bordes hacia el centro.

6. Con el resto de masa, realizar una torzada con dos cilindros de masa y pegarlos con huevo batido sobre los contornos de la masa ya ubicada en el molde. Hornear a 180° C durante 40 minutos.

Tartas 17

Mini pasteles crujientes de pollo

Cantidad de unidades: 10
Tiempo de cocción: 30 minutos

ingredientes

Masa aromática
- harina 0000 — 500 g
- sal — 10 g
- manteca — 100 g
- agua fría — 200 cc
- hierbas frescas picadas — 3 cucharadas

Relleno
- aceite de oliva — 50 cc
- pechuga de pollo — 2
- cebolla de verdeo — 2
- puerros — 2
- diente de ajo — 1
- vino blanco — 50 cc
- ají amarillo — 1
- aceitunas negras — 10
- tomate hidratado — 8
- queso mozzarella — 150 g
- sal y pimienta — a gusto
- perejil picado — 2 cucharadas

Cubierta
- miga pan — 80 g
- manteca fría — 80 g
- queso gruyere rallado grueso — 80 g
- semillas de sésamo negro — 2 cucharadas

preparación

1. Masa. Colocar en la procesadora la harina con la sal y la manteca fría cortada en pequeños cubos. Procesar hasta lograr un arenado, adicionar el agua y, por último, las hierbas.

2. Continuar procesando hasta lograr una masa tierna que se separe de las paredes internas del vaso de la máquina. Retirar, envolver con film y dejar enfriar en la heladera mientras se prepara el relleno.

3. Relleno. En aceite de oliva, sellar y dar color a la pechuga de pollo cortada en cubos. Retirar y en la misma sartén rehogar la cebolla de verdeo picada, los puerros y el ajo. Agregar el vino blanco y dejar evaporar por 1 minuto. Agregar el pollo y el morrón cortado en cubos y cocinar unos minutos.

4. Retirar del fuego y dejar que descienda la temperatura. Mezclar las aceitunas picadas, los tomates en tiras y la mozzarella en cubos. Condimentar con sal, pimienta y el perejil apenas picado. Reservar.

5. Cortar la miga de pan en cubos pequeños, rociarla con un poco de aceite de oliva y llevar al horno para dorar y secar. Realizar la cubierta mezclando la manteca fría con el pan rallado y formando un arenado junto a la miga de pan tostada. Mezclar las semillas y el queso. Reservar en frío.

6. Estirar la masa a 3 mm de espesor, cortar círculos y forrar moldes descartables de aluminio de 9 cm. Realizar sobre los laterales de la masa algunos pliegues, disponer el relleno en el interior y hornear a 180° C hasta dorar la masa. Retirar, cubrir con el arenado de pan y gratinar en horno fuerte.

Tip: Pueden comercializarse en los mismos moldes descartables de aluminio, para que el comensal lleve el pastel unos minutos al horno antes de consumir.

Tarta de papa y chorizo colorado

Cantidad de porciones: 12
Tiempo de cocción: 35 minutos

ingredientes

masa comprada	**1 paquete**
manteca blanda	**50 g**
almidón de maíz	**2 cucharadas**
pimentón dulce	**2 cucharadas**

Relleno

papa blanca con cáscara	6
puerros	4
cebollas	3
morrón rojo chico	1
chorizo colorado	**150 g**
queso gruyere rallado grueso	**100 g**
romero fresco	**para decorar**
sal y pimienta	**a gusto**
manteca	**50 g**

Ligue

huevos	3
crema de leche	**200 cc**

preparación

1. Masa. Disponer un disco de masa sobre la mesa apenas enharinada, untar la superficie con la manteca blanda y espolvorear con el almidón y el pimentón.
2. Superponer el otro disco, estirar con un palote y forrar un marco de acero cuadrado de 20 cm de lado.
3. Relleno. Cocinar las papas enteras en agua hirviendo con sal hasta que tomen textura tierna pero no se desarmen. Detener la cocción en agua fría y cortar en rodajas.
4. Cortar los puerros en rodajas finas, ciselar la cebolla no muy fina y cortar el morrón en bastones de 1 cm de ancho. Rehogar los ingredientes con manteca y condimentar con sal y pimienta. Preparar el ligue de la tarta mezclando los huevos con la leche. Condimentar con sal y pimienta a gusto.
5. Sobre la base de la masa ya dispuesta en el molde, acomodar las papas en rodajas, sobre ellas colocar una parte de los vegetales rehogados y la mitad del queso rallado. Acomodar una capa de papa y extender nuevamente el resto de los vegetales rehogados junto al queso.
6. Finalizar el armado cubriendo los vegetales rehogados con rodajas de papas e intercalando con unas rodajas de chorizo colorado. Verter el ligue de huevo y leche, levantar los bordes de masa y ubicarlos sobre los laterales del relleno. Llevar al horno a 180° C y cocinar de 25 a 30 minutos. Dejar entibiar y decorar con romero fresco.

Tarta de atún, caballa y huevo

Cantidad de porciones: 10
Tiempo de cocción: 40 minutos

ingredientes

Masa con levadura
levadura fresca	25 g
harina 0000	500 g
sal	10 g
huevos	4
aceite de oliva	50 cc

Relleno
cebollas	2
ají amarillo	1/2
cebollas de verdeo	2
caballa en aceite	1 lata
atún en aceite	1 lata
sardinas	1 lata
tomate perita	2 c
sal y pimienta	a gusto
perejil picado fresco	2 cucharadas
huevos duros de codorniz	12

Varios
huevo batido	1 (para pintar)

Tip

- Tanto la caballa como el atún, pueden reemplazarse por filetes de brótola o merluza.

- Para poder disponer la masa sobre el relleno, conviene estirarla, ubicarla sobre una tabla apenas enharinada, cortar con el molde estrella y llevar a heladera hasta que tome cuerpo.

preparación

1: Masa: Disolver la levadura en la leche a temperatura ambiente. Mezclar la harina con la sal, hacer un hueco y disponer allí los huevos y la leche con la levadura. Unir los ingredientes y adicionar el aceite.

2: Formar una masa blanda, amasar unos minutos, formar un bollo y colocar en film espolvoreado con harina. Llevar a la heladera mientras se realiza el relleno.

3: Relleno: Pelar y cortar la cebolla en rodajas algo finas y dorarlas en un poco de aceite sin llegar a cocinarlas por completo. Rehogar los morrones cortados en tiras junto a los puerros y la cebolla de verdeo picados. Mezclar el salteado con la caballa, el atún y las sardinas desmenuzadas.

4. Incorporar los tomates perita sin semillas y cubeteados. Por último, condimentar con sal, pimienta y perejil picado.

5. Dividir la masa en dos partes y estirar una de ellas hasta alcanzar 3 mm de espesor. Forrar un molde de cerámica rectangular de 18 cm x 26 cm y 4 cm de alto, enmantecado. Distribuir el relleno intercalando con los huevitos duros de codorniz.

6. Estirar la otra parte de masa, efectuar cortes con un molde de estrella. Disponer sobre el relleno y cortar los costados de masa sobrantes. Pintar con huevo batido y hornear a 170° C durante 40 minutos aproximadamente.

Tartas 23

Quiche de panceta, tomate y queso

Cantidad de porciones: 12
Tiempo de cocción: 25 minutos

ingredientes

Masa brisée
harina 0000	500 g
manteca	250 g
sal	1 cucharadita
agua fría	100 cc

Relleno
panceta ahumada	200 g
aceite de maíz	cantidad necesaria
cebollas medianas	2
echalottes	3
ciboulette	1 atado
sal y pimienta blanca	a gusto
huevos	2
leche	50 cc
crema de leche	100 cc
tomates cherry	6
huevitos de codorniz	12
fetas de panceta ahumada	12 crocantes

24 Tartas

preparación

1. Masa. Colocar la harina en un bol y agregar la manteca cortada en cubos pequeños y la sal. Trabajar con desmigador hasta lograr un arenado.
2. Adicionar el agua y formar una masa blanda. Envolver en film y llevar a la heladera mientras se prepara el relleno.
3. Relleno. Rehogar la panceta con una cucharada de aceite en sartén bien caliente hasta alcanzar un dorado medio. Retirar la panceta y rehogar la cebolla y el echalotte picados. Agregar la panceta dorada y condimentar con sal y pimienta blanca a gusto.
4. Preparar el ligue del quiche mezclando los huevos con la leche y la crema de leche. Condimentar a gusto.
5. Estirar la masa a 4 mm de espesor, cortar la masa en fajas de 8 cm de ancho y cortar triángulos. Con tres triángulos superpuestos, forrar un molde para muffins de 6 cm de diámetro.
6. Colocar el relleno de panceta ahumada y cubrir con el ligue.
Disponer 2 mitades de tomates cherry y 1 huevito de codorniz. Hornear a 180° C hasta coagular el ligue y dorar la masa. Retirar y disponer una feta de panceta crocante. Finalizar con ciboulette.

Tip

Fetas crocantes de panceta: disponer las fetas sobre una sartén apenas aceitada y llevar al fuego suave, dándolas vuelta de vez en cuando.

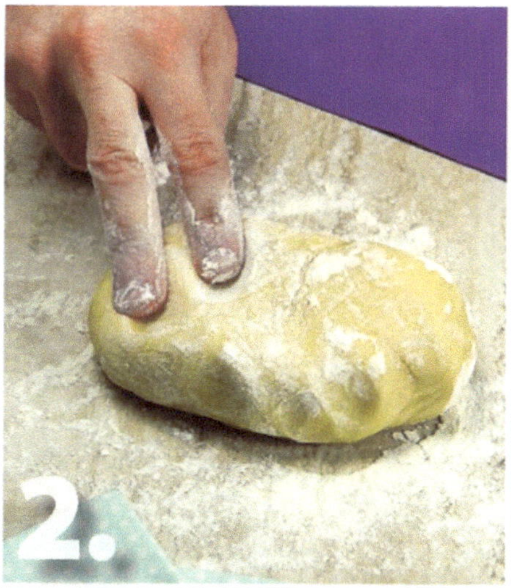

Tarta de calabaza

Cantidad de unidades: 15
Tiempo de cocción: 25 minutos

ingredientes

Masa integral
harina 0000	300 g
harina integral	300 g
salvado	2 cucharadas
manteca	150 g
huevo	1
agua fría	100 cc
sal	10 g

Relleno
zapallo anco	1
manteca	200 g
cebollas	60 g
harina 0000	3 cucharadas
yemas	3
sal, pimienta y nuez moscada	a gusto
aceite de oliva	50 cc
brotes de arveja	1 paquete

26 Tartas

preparación

1: Masa: Mezclar las harinas con la sal y disponer en un bol. Incorporar el salvado y la manteca fría cortada en cubos. Trabajar con desmigador o cornet hasta lograr un arenado grueso.

2: Añadir el huevo y el agua fría en cantidad suficiente para lograr una masa tierna. Unir apenas con las manos, envolver con film adherente y llevar a la heladera por lo menos por 30 minutos antes de emplear.

3: Relleno: Pelar y cortar el zapallo en cubos pequeños; blanquearlos en agua hirviendo con sal hasta que queden semi cocidos y rehogar los cubos en un poco de aceite. Reservar.

4. Preparar una salsa blanca fundiendo la manteca en una cacerola, rehogar el echalotte picado y mezclar la harina. Cocinar unos segundos a fuego suave, luego incorporar la leche tibia y continuar la cocción hasta que la preparación espese y llegue al punto de hervor. Retirar y condimentar con sal, pimienta y nuez moscada. Dejar entibiar y agregar las yemas.

5. Estirar la masa a 3 mm de espesor y cortar cuadrados de 7 cm de lado.

Superponer cada cuadrado formando una estrella de 8 puntas y forrar el interior de un molde para muffins.

6. Colocar una parte de la salsa bechamel y sobre ella disponer los cubos de calabaza. Llevar a horno 180° C hasta dorar la masa. Servir con brotes de arveja.

Tartines de espárragos

Cantidad de unidades: 4
Tiempo de cocción: 40 minutos

ingredientes

Masa brisée
harina 0000 **500 g**
manteca **250 g**
sal **1 cucharadita**
agua fría **100 cc**

Relleno
manteca **20 g**
aceite de girasol **2 cucharadas**
cebollas **2**
cebolla de verdeo **5**
puerros **3**
jamón cocido **150 g**
queso crema Finlandia **100 cc**
leche **50 cc**
huevos **3**
queso rallado **2 cucharadas**
sal y pimienta **a gusto**
espárragos **1 frasco**
alcauciles **1 lata**

preparación

1. Masa. Colocar la harina en un bol y agregar la manteca cortada en cubos pequeños y la sal. Trabajar con desmigador hasta lograr un arenado.
2. Adicionar el agua y formar una masa blanda. Envolver con film y llevar a la heladera mientras se prepara el relleno.
3. Relleno. En la manteca y 2 cucharadas de aceite de girasol rehogar las cebollas criollas picadas junto con las cebollas de verdeo y los puerros. Condimentar con sal y pimienta a gusto. Mezclar el jamón cocido cortado en tiras finas y reservar.
4. Estirar la masa a 4 mm de espesor y forrar moldes de aluminio descartables de 10 cm x 15 cm y 4 cm de alto, dejando un reborde de masa prolijo. Estirar los recortes de masa a 3 mm de espesor y cortar formas con un cortante a elección. Pegar las piezas sobre el reborde con huevo batido.
5. En la base de la tarta colocar el relleno de jamón y cebolla, distribuir los alcauciles prolijamente sobre el relleno y luego en el centro junto a los espárragos rehogados. Realizar el ligue de la tarta mezclando el queso y la leche junto a los huevos y condimentar.
6. Esparcir el ligue por la superficie de la tarta dejando que se absorba entre el relleno pero no cubrir en exceso. Espolvorear queso rallado por encima y hornear a 180° C hasta que el ligue coagule y la masa se dore por completo.

Tarta de jamón, quesos y cebollas

Cantidad de porciones: 8
Tiempo de cocción: 35 minutos

ingredientes

masa comprada	1 paquete
manteca blanda	50 g
almidón de maíz	2 cucharadas
orégano deshidratado	2 cucharadas

Relleno

aceite de oliva	50 cc
cebolla morada	1
cebolla verdeada	3
cebolla de verdeo	a gusto
sal y pimienta	a gusto
jamón cocido	300 g
tomates perita	3
queso fontina	100 g
queso cheddar	100 g
queso azul	100 g
queso mozzarella	100 g
hojas de orégano fresco	a gusto

preparación

1. **Masa.** Disponer un disco de masa sobre la mesa apenas enharinada, untar la superficie con la manteca blanda, espolvorear con el almidón y el orégano; superponer el otro disco y estirar apenas con palote.
2. Forrar una tartera de 24 cm de diámetro apenas aceitada. Pinchar la superficie y cocinar a 180° C durante 10 minutos aproximadamente.
3. **Relleno.** Rehogar en el aceite las cebollas picadas. Condimentar con sal y pimienta y dejar entibiar.
4. Cortar el jamón o lomito en tiras anchas.
5. Cortar los tomates y los huevos en rodajas. Rallar o cortar los quesos.
6. **Armado.** Una vez precocida la masa, distribuir parte de las cebollas, luego el jamón, los tomates, los huevos y el queso. Repetir el procedimiento hasta completar con los ingredientes. Llevar nuevamente al horno y cocinar por 25 minutos o hasta que los quesos se hayan derretido. Servir tibia decorada con hojas de orégano fresco.

www.ingramcontent.com/pod-product-compliance
Lightning Source LLC
Chambersburg PA
CBHW051941210526
45473CB00006B/2329